Good morning

Den ganzen Tag lang frühstücken

EDEL

INHALT

GUTEN MORGEN

Frühstück ... ein guter Start in den Tag ... die wichtigste Mahlzeit des Tages. Das kennt sicher jeder. Aber Frühstücksmensch hin oder her: Nach ein paar Stunden knurrt der Magen meist schon wieder.

In diesem Buch hebe ich das Frühstück auf ein neues Niveau und habe bei den meisten Rezepten das Wochenende mit mehr Zeit im Sinn. Aber Sie finden auch neue Ideen für den täglichen Haferbrei, beschwingte Müslivarianten und vitaminreiche „Breakfast Bowls“, die aber noch gut in einen etwas hektischen Alltag passen. Ich sage immer: Kochen braucht seine Zeit. Gutes, nahrhaftes Essen kann man nicht einfach so nebenbei hervorzaubern. Deshalb gibt es auch keine Zeitvorgaben bei meinen Rezepten und auch keine Angaben zum Nährwertgehalt. Essen ist heutzutage so vorbelastet: Von mysteriösen Inhaltsstoffen bis hin zu immer neuen Diätmodellen – da vergeht vielen der Appetit. Ich finde, Essen sollte lecker und gesund sein und einfach Freude machen. Kein Druck, nur Genuss.

Ich bin mit Dickmilch, hartem Brot und eingemachten Preiselbeeren zum Frühstück aufgewachsen. Eigentlich genial. Gut, gesund und schnell zubereitet. Dann fuhr ich mit 19 Jahren zum ersten Mal in die USA. Sechs Wochen später kam ich zehn Kilo schwerer nach Hause. Was war passiert? Pfannkuchen. Die amerikanischen. Das Beste, was es zum Frühstück gibt. Vor allem, wenn man sie im Lokal isst. Ich bestellte selig die doppelte Menge und verdrückte die vor Butter und Ahornsirup triefenden Kalorienbomben. Da begriff ich, wie herrlich Frühstück sein kann. Weit, weit entfernt von staubigem Knäckebrot.

Aufs Frühstück lege ich weiterhin größten Wert. Alltags und am Wochenende. Die zehn Kilo sind aber längst wieder runter. Denn Frühstück kann tatsächlich köstlich und gleichzeitig gesund sein. Bauen Sie viel Gemüse mit ein, und Sie sind den ganzen Vormittag satt. Abgesehen davon können Sie die meisten der Gerichte auch mittags, abends oder als Zwischenmahlzeit essen. Ganz wie Sie Lust darauf haben!

LISELOTTE FORSLIN

MÜSLI & PORRIDGE

Leckere Magenfreunde

Graue, zähe Haferbreie und trockene Müslis sind out. Heute lassen sich Getreideflocken vielseitig variieren und sorgen den ganzen Vormittag über für Energie ... egal, ob im Bircher Müsli, in Frühstückssalaten, in einer Knusper-Granola oder leckeren Porridges mit Früchten, Beeren oder Grünzeug.

QUINOLA

Ein glutenfreies Müsli ohne Nüsse. Die eiweißreichen Quinoa-Samen sind super Energiespender und halten lange satt. Sie schmecken auch als Topping zu Joghurt, Schwedenmilch oder einem Obstsalat.

Für ca. 20 Portionen

125 g gepuffte Quinoa
200 g Kokosraspel
200 g Sonnenblumenkerne
200 g Kürbiskerne
2 TL Bourbon-Vanillezucker
100 ml Kokosöl

Zum Servieren
Joghurt oder Schwedenmilch (mild schmeckende Dickmilch)
frische oder getrocknete Früchte

1. Den Backofen auf 200 °C vorheizen.
2. Alle Trockenzutaten in einer Schüssel vermengen.
3. Das Öl mit den Händen unterkneten.
4. Die Masse dünn auf zwei mit Backpapier belegten Blechen verteilen.
5. Auf der mittleren Schiene im Ofen ca. 15 Minuten rösten. Zwischendurch alles einmal durchmischen, damit die Ränder nicht anbrennen.
6. Gut auskühlen lassen.
7. Mit Joghurt oder Schwedenmilch servieren. Dazu schmeckt Frischobst. Man kann auch zerkleinerte Trockenfrüchte untermischen.

49 SUNSET FLORIDA

BIRCHER-MÜSLI

Der Schweizer Arzt Maximilian Bircher-Benner erfand angeblich Ende des 19. Jahrhunderts dieses sättigende Frühstück. Es sollte seinen Patienen die damals übliche, eher schwere Frühstückskost ersetzen. Heute ist es auch unter dem trendigeren Namen „overnight oats“ bekannt: ein gesundes, am Vorabend zubereitetes Power-Frühstück.

Für 4 Portionen

200 g glutenfreie Haferflocken
400 ml Milch
(Sorte nach Belieben)
1 Prise Bourbon-Vanillezucker
100 g Joghurt (3,5 % Fett)
1 Apfel, gerieben
2 EL flüssiger Honig

Als Topping passen:
frische Beeren
Frischobst
Trockenfrüchte
Nüsse
Kerne

1. Flocken, Milch und Zucker in einer Schüssel vermengen. Über Nacht oder mindestens 2 Stunden abgedeckt in den Kühlschrank stellen.
2. Herausnehmen. Joghurt, Apfel und Honig unterrühren.
3. Auf vier Schalen verteilen. Nach Lust und Laune mit frischen Beeren, Früchten, Nüssen oder Kernen garnieren.

GRANOLA

Das Sechs-Tüten-Granola ist ein Rezept von Moa, meiner Assistentin. Sie ist ein Frühstücks-Freak. Hier meine Variante. Das Müsli sättigt sehr. Es reicht also eine kleine Portion.

Für ca. 30 Portionen

1 Tüte Haferkerne (300 g)
1 Tüte Sonnenblumenkerne (400 g)
1 Tüte Kürbiskerne (300 g)
1 Tüte Leinsamenschrot (350 g)
1 Tüte Kokosraspel (200 g)
1 Tüte Mandelkerne (200 g)
1 TL Salz

Außerdem
2 Bananen
5 EL Kokosöl oder mildes Olivenöl
3 EL Ahornsirup
150 g getrocknete Moosbeeren
175 g Sultaninen

1. Den Backofen auf 200 °C vorheizen. Zwei Backbleche mit Backpapier belegen.
2. Alle Trockenzutaten in einer großen Schüssel miteinander vermengen.
3. Die Bananen schälen. Auf einem Teller musig zerdrücken. In eine Schüssel geben. Öl und Sirup unterrühren. Alles gut vermischen.
4. Das Brei-Gemisch mit den Händen unter die Trockenzutaten zu einer körnigen, etwas feuchten Masse kneten.
5. Dünn auf den Backblechen verstreichen und 10–20 Minuten auf der mittleren Schiene im Ofen rösten. Zwischendurch einmal gut durchmischen, damit die Ränder nicht anbrennen.
6. Auskühlen lassen. Moosbeeren und Sultaninen untermengen. Zur Aufbewahrung in Dosen oder Plastikbeutel füllen.

TIPP!

Bei Umluft-Backöfen kann man mit mehreren Blechen gleichzeitig backen. Auf 175 °C vorheizen.

HEIDELBEER-PORRIDGE

Porridge kann auch im Ofen gebacken werden, wie diese hier beweist!

Für 6 Portionen

150 g Haferflocken
500 ml Mandelmilch, alternativ Kuhmilch
2 Eier
1 Prise Salz
1 TL Backpulver
1 Prise Bourbon-Vanillezucker
1 EL abgeriebene Schale von 1 unbehandelten Zitrone
1 EL Agavensirup, alternativ flüssiger Honig
150 g TK-Heidelbeeren

Zum Servieren

1 EL brauner Rohrzucker
Mandelmilch, Kuhmilch oder Naturjoghurt (1,5 % Fett)

1. Den Backofen auf 200 °C vorheizen.
2. Haferflocken, Mandelmilch und Eier mit den übrigen Zutaten, außer den Heidelbeeren, in einer Schüssel gut verrühren.
3. Die Hafermasse in eine eingefettete Auflaufform (ca. 30 cm x 20 cm) füllen.
4. Die Heidelbeeren darüber verteilen.
5. Ca. 25 Minuten auf der mittleren Schiene im Backofen backen.
6. Das fertig gebackene Porridge mit Rohrzucker bestreuen und mit Milch oder einem Klecks Joghurt servieren.

BUCHWEIZEN-PORRIDGE

MIT INGWER-BRATBIRNEN UND VANILLE-JOGHURT

Buchweizen ist ein Pseudogetreide. Aus den glutenfreien Früchten lassen sich herrlich cremige Porridges kochen. Statt Milch schmeckt auch geschmacksintensiver Joghurt.

Für 4 Portionen

150 g Buchweizenschrot
500 ml Wasser
1 Prise Salz
300 ml Milch (alternativ Wasser)

Ingwer-Bratbirnen
2 Birnen
1 EL Rapsöl
2 TL geriebener Ingwer
2 TL flüssiger Honig

Zum Servieren
800 g milder Naturjoghurt (1,5 % Fett)
1–2 TL Bourbon-Vanillezucker
1–2 EL flüssiger Honig

1. Schrot in einem Sieb mit heißem, dann mit kaltem Wasser übergießen. So entweichen die Bitterstoffe.
2. In einen Topf geben und mit Wasser bedecken. Salzen. Ca. 15 Minuten bei offenem Topf schwach köcheln lassen, bis das Porridge weich ist. Ab und zu umrühren.
3. Milch oder Wasser angießen. Weitere 5 Minuten unter ständigem Rühren kochen.
4. Die Birnen in Spalten oder Stücke schneiden. Einige Minuten von beiden Seiten in Öl braten.
5. Den geriebenen Ingwer und den Honig dazugeben. Die Aromen kurz einziehen lassen.
6. Den Joghurt mit Bourbon-Vanillezucker und Honig verrühren.
7. Das Buchweizen-Porridge mit Birnen und Joghurt servieren. Dazu noch etwas Honig extra reichen.

HAFERBREI

MIT BANANE UND KARDAMOM

An einem kühlen Herbstmorgen lernte ich bei meiner Freundin Michaela im englischen Bath diesen Frühstücksbrei kennen. Sie erinnert an eine Kardamomschnecke und schmeichelt dem Magen.

Für 4 – 6 Portionen

200 g Haferflocken
Salz
2 TL Kardamomsamen
1 große Banane
100 ml Milch

Zum Servieren
Milch (Sorte nach Belieben)
Ahornsirup

1. In einem Topf die Haferflocken, 800 ml Wasser und zwei Prisen Salz verrühren.
2. Die Kardamomsamen grob im Mörser zerstoßen und unter den Haferbrei mischen.
3. Die Banane in dünne Scheiben schneiden und zu dem Haferbrei geben. Alles vermengen.
4. Den Brei aufkochen und unter ständigem Rühren ca. 5 Minuten sanft köcheln lassen.
5. Die Milch angießen und warm werden lassen.
6. Mit Milch und etwas Ahornsirup servieren.

ZUCCHINI-PORRIDGE

MIT KAROTTE UND EIERN

Eine sättigende Speise, das durch Gemüse noch gehaltvoller wird. Die Eier sind zusätzliche Energiespender und ideal, wenn das Porridge mittags gegessen wird.

Für 6 Portionen

200 g Zucchini
1 mittelgroße Karotte
200 g Haferflocken
1–2 Prisen Salz
eventuell 2 Eier

1. Die Zucchini grob reiben. Die Karotte schälen und ebenfalls grob reiben.
2. In einem Topf die Haferflocken mit ca. 1 l Wasser und Salz vermengen und aufkochen. Das geraspelte Gemüse dazugeben und das Porridge unter ständigem Rühren ca. 4 Minuten köcheln lassen.
3. Eier unterziehen. Porridge 3 Minuten unter kräftigem Rühren weiterköcheln lassen.

BREAKFAST BOWLS

Eine andere Frühstückserinnerung habe ich aus Santa Barbara. Im Backyard Bowls, einem amerikanischen Frühstückscafé, bietet man auf sehr kreative Art Porridges und Müslis mit Früchten und Gemüse an.

Zitronenquark mit Weizenkeimen und Obst

Hierfür die Körner vorkochen und im Kühlschrank aufbewahren.

Für 4 Portionen

600 g gekochte, kalte Körner, wie z.B. Dinkel, Weizenkeime oder Quinoa
250 g Quark
abgeriebene Schale von 1 unbehandelten Zitrone
1 EL flüssiger Honig
1 Mango, in Würfel geschnitten
150 g Himbeeren

1. Die Körner auf kleine Schalen verteilen.
2. Quark, Zitronenschale und Honig vermischen.
3. Etwas davon auf die Körner geben und mit dem Obst garnieren.

Brombeer-Smoothie

Smoothie aus der Schale? Das geht! Unten Körner, oben Beeren und Nüsse.

Für 4 Portionen

250 g TK-Brombeeren (ca. 100 g zum Garnieren)
2 Bananen, in Stücke geschnitten
500–600 g milder Naturjoghurt (1,5 % Fett)
1 Prise Kardamomsamen
400 g gekochte, kalte Körner, z.B. Dinkel, Weizen, Weizenkeime oder Quinoa
Nüsse, Mandelblättchen, Samen oder Kokosraspel

1. Brombeeren und Bananenstücke mit Joghurt zur gewünschten Konsistenz pürieren.
2. Die Kardamomsamen im Mörser grob zerstoßen. Unter das Mus mischen.
3. Körner auf Schalen verteilen.
4. Das Fruchtmus darübergeben und mit den übrigen Brombeeren und Nüssen, Mandelblättchen, Samen oder Kokosraspeln garnieren.

Hirse-Joghurt mit Heidelbeeren, Erdbeeren und Nüssen

Hirse ist lecker, magenfreundlich und glutenfrei. Wenn man sie lange genug in heißem Wasser abspült, verliert sie den leicht bitteren Geschmack.

Für 4 Portionen

200 g Hirse
1 Prise Salz
200 g milder Naturjoghurt (1,5 % Fett)
1/2 TL Bourbon-Vanillezucker
2 EL flüssiger Honig
200 g Erdbeeren
200 g Heidelbeeren
4 EL grob gehackte, leicht geröstete Haselnüsse

1. Die Hirse in einem feinmaschigen Sieb einige Minuten mit heißem Wasser übergießen, um die Bitterstoffe zu lösen.
2. In einen Topf mit ca. 1/2 l Wasser und Salz geben. Die Hirse 5–10 Minuten kochen, bis sie zu einem Brei eindickt. Auskühlen lassen.
3. Joghurt, Bourbon-Vanillezucker und Honig vermengen und unter den Hirsebrei rühren.
4. Die Erdbeeren in Scheiben schneiden.
5. Den Hirsejoghurt auf kleine Schalen verteilen und mit den Erdbeerscheiben und den Heidelbeeren garnieren. Zum Schluss die Haselnüsse darüberstreuen und servieren.

RÖST-BROT

Ein krosses Vergnügen

Röstbrot gefüllt oder belegt … die verführerischen Scheiben machen jeden schwach. Tatsache ist: Jede trockene Brotscheibe wird zum Gaumenschmaus, wenn sie geröstet oder gebraten und mit etwas Gutem belegt wird. Hier sind Rezepte für pikante und süsse Varianten.

FRENCH TOAST

MIT SPINAT, PUTENBRUST UND KÄSE

Perfekt für jeden, der was Feines zum Frühstück will, das lange satt macht.

Für 4 halbe Doppelscheiben

4 große Brotscheiben aus Weizensauerteig
2 EL Honigsenf
200 g frischer Blattspinat, küchenfertig geputzt
Meersalzflocken und frisch gemahlener schwarzer Pfeffer
50 g Västerbotten-Käse, gerieben (ersatzweise ein anderer gut gereifter Käse)
200 g geräucherte Putenbrust, geschnitten
3 Eier
100 ml Milch
Rapsöl zum Braten

1. Die Brotscheiben mit Senf bestreichen.
2. Spinat in etwas Öl leicht anbraten. Salzen, pfeffern.
3. Zwei Brotscheiben mit reichlich Spinat, geriebenem Käse und der Putenbrust belegen.
4. Mit den übrigen Brotscheiben abdecken. Festdrücken.
5. Eier und Milch in einer flachen Form verquirlen.
6. Ober- und Unterseite der Doppelscheiben kurz in die Eiermilch tauchen.
7. Öl in einer Pfanne erhitzen. Das Brot bei mittlerer Hitze ca. 1 Minute von jeder Seite goldbraun braten.
8. Deckel auflegen und die Pfanne vom Herd nehmen. Ca. 5 Minuten warten, bis der Käse geschmolzen ist.
9. Die Brotscheiben halbieren. Servieren.

MIT FRISCHKÄSE UND ERDBEEREN

Eine Erinnerung an eine B&B-Unterkunft auf der idyllischen Olympic-Halbinsel an Amerikas Nordwestküste.

Für 4 halbe Doppelscheiben

200 g Erdbeeren
2 EL flüssiger Honig
200 g Frischkäse
1 TL Bourbon-Vanillezucker
2–3 TL flüssiger Honig
4 große Brotscheiben aus Weizensauerteig
3 Eier
100 ml Milch
Rapsöl zum Braten

1. Erdbeeren in dünne Scheiben schneiden. Mit Honig beträufeln. Gut vermischen. 5 Minuten stehen lassen.
2. Frischkäse mit Vanillezucker und Honig verrühren.
3. Zwei Brotscheiben dick mit der Masse bestreichen, die übrigen beiden Scheiben nur ganz dünn.
4. Erdbeeren auf die dick bestrichenen Scheiben legen.
5. Darauf die dünn bestrichenen Brotscheiben legen.
6. Die Eier mit der Milch verquirlen.
7. Die Doppelscheiben oben und unten kurz in die Eimilch tauchen. Öl in einer Pfanne erhitzen und die Brote ca. 1 Minute von jeder Seite braten.
8. Die Brotscheiben halbieren. Servieren.

EI DREI MAL ANDERS

Weich gekochtes Ei

Bei einem Induktionsherd: Kaltes Wasser in einen Topf gießen und das Ei hineinlegen. Den Topf auf die eingeschaltete Herdplatte setzen. Eieruhr auf 9 Minuten einstellen. Wenn das Wasser kocht, die Hitze etwas reduzieren. Danach das Ei in kaltem Wasser abschrecken, schälen. Bei einem normalen Herd: Die Eieruhr auf 4–5 Minuten stellen, wenn das Wasser kocht.

Beispiel für ein klassisches Garnelen-Smörgås

Ein Röstbrot mit Butter bestreichen und mit Salatblättern belegen. Darauf 2 Esslöffel Mayonnaise (selbst gemacht oder Fertigprodukt) verteilen, mit geschälten Garnelen und weich gekochten Eihälften belegen. Salzen, pfeffern. Mit Radieschenscheiben und Dill garnieren.

Spiegelei „Sunny Side Up"

Etwas Olivenöl in einer Pfanne erhitzen. Ei hineinschlagen. Ca. 2 Minuten braten, bis das Eiweiß fest und das Eigelb noch weich ist. Die Ränder sollten knusprig sein. Etwas salzen.

Beispiel für ein Röstbrot mit Spiegelei, Spinat und grünem Spargel

250 g Baby-Blattspinat in etwas Olivenöl braten. Salzen, pfeffern. Spinat auf eine Röstbrotscheibe, am besten aus Sauerteig, legen. Mit 2–3 gekochten, halbierten Spargelstangen und dem Ei belegen. Chiliflocken darüberstreuen.

Pochiertes Ei

In einem Topf 2 Liter Wasser mit 2 Teelöffeln Weißweinessig und 1/2 Teelöffel Salz erhitzen, nicht kochen lassen. Ein Ei in einer Tasse aufschlagen. Vorsichtig ins Wasser gleiten lassen. Nach ca. 2 Minuten mit einem Schöpflöffel herausheben. Auf Küchenpapier abtropfen lassen.

Beispiel für ein Röstbrot mit Avocadomus und pochiertem Ei

Das Fruchtfleisch einer halben Avocado auf einem Röstbrot mit der Gabel zerdrücken. Salzen, pfeffern. Ei vorsichtig daraufsetzen. Ins Eigelb schneiden. Je nach Vorliebe Sriracha-Sauce oder Tabasco dazu servieren.

FRÜHSTÜCKS-QUESADILLAS

MIT PAPRIKA UND KÄSE

Diese Käse-Tortillas sind einfach lecker. Am besten schmecken sie warm!

Für 8 Stück

4 mittelgroße Tortillas
50 g Västerbotten-Käse, gerieben
200 g Hüttenkäse
100 g Grill-Paprikaschotenstreifen (aus dem Glas) oder 1 selbst gegrillte Paprikaschote
2 Handvoll Rucola
Meersalzflocken und frisch gemahlener schwarzer Pfeffer
Rapsöl zum Braten

1. Zwei Tortillas mit geriebenem Käse bestreuen.
2. Mit Hüttenkäse bestreichen. Grill-Paprikastreifen und Rucola auf den Käse-Tortillas verteilen. Leicht salzen und pfeffern.
3. Die übrigen Tortillas daraufsetzen. Festdrücken.
4. Etwas Öl in einer großen Pfanne erhitzen. Je eine Doppel-Tortilla ca. 1 Minute auf jeder Seite braten. Mit dem Bratenwender leicht an den Boden andrücken. So schmilzt der Käse besser.
5. Auf ein Schneidebrett legen und einige Minuten ruhen lassen. Danach jeden Fladen vierteln.

BASILIKUM-RICOTTA-TOAST

MIT BALSAMICO-SCHWENKTOMATEN

Schmeckt so fruchtig, wie es aussieht: in Balsamico geschwenkte Tomaten auf würzigem Kräuter-Ricotta.

Für 4 Portionen

4 Scheiben Sauerteigbrot
Olivenöl zum Braten
250 g Cocktailtomaten, am Stiel
2 TL Aceto balsamico
Meersalzflocken und frisch gemahlener schwarzer Pfeffer

Kräuter-Ricottacreme
125 g Ricotta
abgeriebene Schale von 1 unbehandelten Zitrone
3 EL fein geriebener Parmesan
1 Bund Basilikum, gehackt, etwas zum Garnieren beiseitelegen
1 EL Olivenöl
1 Prise Salz
frisch gemahlener schwarzer Pfeffer nach Belieben

1. Die Brotscheiben rösten.
2. Etwas Öl in einer Pfanne erhitzen. Die Tomaten je nach Vorliebe entweder mit dem Stiel hineingeben oder vom Stiel lösen, halbieren und dann anbraten.
3. Die Tomaten mit etwas Balsamico begießen und darin schwenken. Salzen, pfeffern. Abkühlen lassen.
4. Für die Kräutercreme den Ricotta mit Zitronenschale, Parmesan und Basilikum vermischen. Das Öl unterrühren. Mit Salz und Pfeffer abschmecken.
5. Die Röstbrote mit der Creme bestreichen und mit den Schwenktomaten und dem übrigen Basilikum garnieren.

Frühstück im Bett
Rezepte nächste Seite

FRÜHSTÜCK IM BETT

Jemandem so ein Frühstück ans Bett zu bringen, ist eine gelungene Überraschung! Dazu passen frisch gepresster Saft und Melone.

Erdbeer-Schwedenmilch mit gerösteten Mandeln

Da kann kein Fertigprodukt mithalten!

Für 2 Portionen

200 g frische Erdbeeren
500 g Schwedenmilch (mild schmeckende Dickmilch)
2 EL Mandelblättchen
1 EL flüssiger Honig
gemahlener Zimt

1. Die Erdbeeren klein schneiden. Mit einer Gabel zu Mus zerdrücken. Zum Garnieren einige Beeren beiseitelegen.
2. Das Erdbeermus unter die Dickmilch rühren.
3. Die übrigen Erdbeeren in Scheiben schneiden.
4. Die Mandelblättchen kurz in einer Pfanne ohne Fett rösten.
5. Die Erdbeer-Dickmilch in Tassen, Schalen oder Gläser füllen. Mit Erdbeeren garnieren und mit Mandelblättchen bestreuen. Darüber etwas Honig träufeln und Zimt streuen. Servieren.

Guacamole auf Röstbrot

Mit pochiertem Ei oder mit in Balsamico geschwenkten Tomaten servieren.

Für 2 Portionen

2 Eier
6 Cocktailtomaten
Olivenöl zum Braten
1 TL Aceto Balsamico
Meersalzflocken und frisch gemahlener schwarzer Pfeffer
4 Scheiben helles Sauerteigbrot
1 TL Chiliflocken
1/2 Bund Koriandergrün

Guacamole
2 große, reife Avocados
1 große Tomate
1 rote Chilischote
1/2 gelbe Zwiebel
2 Knoblauchzehen
Saft von 1 Limette
1/2 Bund Koriandergrün
1 TL Meersalzflocken

1. Für die Guacamole die Avocados halbieren. Kerne entfernen. Fruchtfleisch herauslösen und in eine Schüssel geben.
2. Die Tomate halbieren und die Hälften entkernen. Das Fruchtfleisch würfeln. Die Chilischote halbieren, die Samen und die Scheidewände entfernen und fein hacken. Die Zwiebel schälen und ebenfalls hacken. Knoblauchzehen fein reiben.
3. Alles unter das Avocadofruchtfleisch mengen. Mit Limettensaft beträufeln. Etwas Koriander zum Garnieren beiseitelegen, den Rest hacken und unter die Guacamole rühren. Salzen.
4. Die Eier pochieren (siehe Rezept Seite 33).
5. Tomaten halbieren. Öl in der Pfanne erhitzen. Die Hälften von beiden Seiten anbraten. Mit Balsamico beträufeln. Kurz darin schwenken. Salzen, pfeffern.
6. Brotscheiben rösten und mit der Guacamole bestreichen. Auf zwei Scheiben Eier geben. Salzen, pfeffern und mit Chili bestreuen. Die anderen Scheiben mit Tomaten belegen. Mit Koriandergrün garnieren.

Gebackenes Brot & Süsses

Frisch gebackenes Brot duftet einfach wunderbar! Verwöhnen Sie ihre Lieben mit einem nussigen Pflaumenbrot, English Muffins oder kernigen Keksen. Und weil zum Abschluss eines jeden Wochenend-Brunchs etwas Süsses gefragt ist, gibt es auch ein paar fruchtig-rustikale Kreationen.

ENGLISH MUFFINS

Jeder, der schon mal in den USA oder England war, kennt diese flachen Frühstücks-Milchbrötchen.

Für ca. 15 Stück

350 ml Milch
25 g Frischhefe
1/2 TL Salz
300 g Weizenmehl
125 g Weizen-Vollkornmehl
25 g weiche Butter
ca. 75 g Maisgrieß (Polenta)
Öl zum Braten

1. Die Milch auf 37 °C erwärmen.
2. In eine Schüssel gießen. Die Hefe hineinbröckeln. Rühren, bis sie sich aufgelöst hat.
3. Salzen. Mehl nach und nach untermengen. Den Teig, am besten in der Küchenmaschine, glatt kneten.
4. Butter dazugeben, gut einarbeiten. Bei Bedarf noch etwas Mehl zufügen, damit der Teig geschmeidig wird. Abgedeckt ca. 45 Minuten gehen lassen.
5. Den Teig nochmals leicht durchkneten. Halbieren. Die Hälften auf einer mit Maisgrieß bestreuten Arbeitsfläche zu einer ca. 1 cm dicken Platte ausrollen.
6. Mit einem Ausstecher oder einem Glas (7–8 cm Ø) Kreise ausstechen. Etwas Maisgrieß darüberstreuen und den Teig nochmals abgedeckt 45 Minuten gehen lassen. Vorgang mit den Teigresten wiederholen.
7. Die Brötchen ca. 5 Minuten bei schwacher Hitze in einer Pfanne mit etwas Öl von jeder Seite goldbraun braten. Auf Kuchengittern auskühlen lassen.
8. Nach Lust und Laune mit Butter und Marmelade servieren. Oder gehaltvoller: mit leicht angebratenem Spinat und pochiertem Ei.

PFLAUMENBROT

MIT HASELNÜSSEN

Das herzhafte Brot mit Katharinen-Pflaumen und Nüssen lässt sich ausgezeichnet rösten. Reifer Käse und die süßen Pflaumen passen perfekt zusammen.

Für 2 Brote

50 g Frischhefe
100 ml kalt gepresstes Rapsöl
2 TL Salz
1 TL Rübensirup
250 g Frischkäse (10 % Fett)
150 g Haselnüsse, sehr grob gehackt
75 g Sultaninen
15 Katharinen-Pflaumen, gehackt
1 kg Dinkel-Vollkornmehl
1 Ei, verquirlt, zum Bestreichen
2 EL Kürbiskerne

1. Hefe in eine Schüssel bröckeln. Mit 500 ml lauwarmen Wasser begießen und rühren, bis sich die Hefe aufgelöst hat.
2. Öl, Salz, Sirup, Frischkäse, Nüsse, Sultaninen und Pflaumen dazugeben.
3. Den Großteil des Mehls unterrühren, ein wenig zum Formen der Laibe zurückbehalten. Zu einem glatten Teig verkneten, der sich gut vom Schüsselrand löst. Abgedeckt ca. 30 Minuten gehen lassen.
4. Zwei längliche Brotbackformen (à 1 1/2 l Inhalt) mit Backpapier auslegen.
5. Den Teig auf eine bemehlte Arbeitsfläche geben und halbieren. Die Hälften mit den Händen zu länglichen Broten formen und in die Formen setzen.
6. Den Backofen auf 250 °C vorheizen. Den Teig abgedeckt ca. 20 Minuten gehen lassen.
7. Mit Ei bestreichen und mit Kürbiskernen bestreuen.
8. 10 Minuten auf der unteren Schiene im Ofen backen. Dann die Hitze auf 175 °C reduzieren und weitere 30 Minuten backen. Eventuell mit Alufolie oder Backpapier abdecken, wenn die Brote zu dunkel werden.
9. Abgedeckt auf einem Kuchengitter auskühlen lassen.

SÜSSKARTOFFELMUFFINS

Süßkartoffeln und Apfel sorgen hier für saftige Muffins. Kurkuma, dem man eine entzündungshemmende Wirkung nachsagt, glänzt durch eine satte Farbe. Warm und mit einem Klecks Butter sind die Muffins unwiderstehlich.

Für 12 Stück

2 mittelgroße Süßkartoffeln
1 unbehandelter Apfel
3 Eier
100 g Rohrzucker
2 EL abgeriebene Schale von 1 unbehandelten Orange
200 ml Rapsöl
100 g Schwedenmilch (mild schmeckende Dickmilch)
200 g Weizenmehl
100 g Grahammehl
2 TL Backpulver
2 TL gemahlener Zimt
1/2 TL gemahlene Gewürznelken
2 TL Kurkuma
1/2 TL Salz
25 g Kokosraspel
75 g Sultaninen

1. Den Backofen auf 200 °C vorheizen.
2. Zwei Schüsseln und ein Muffinblech bereitstellen.
3. Das Blech entweder fetten oder Papierbackförmchen bzw. zugeschnittenes Backpapier verwenden.
4. Die Kartoffeln schälen und grob reiben. Den Apfel mit Schale ebenfalls grob reiben.
5. Eier und Zucker in einer Schüssel cremig schlagen. Orangenschale, Öl und Dickmilch unterrühren.
6. Alle Trockenzutaten vermengen und zusammen mit den Sultaninen vorsichtig unter die Eicreme ziehen.
7. Alles gut vermischen, aber nicht zu lange bearbeiten.
8. Teig in die Mulden füllen. 20–25 Minuten auf der mittleren Schiene im Ofen backen. Stäbchenprobe machen. Wenn beim Herausziehen keine feuchten Teigreste am Stäbchen sind, sind die Muffins fertig.

STAR-BRÖTCHEN

Über Nacht gehen lassen, am nächsten Morgen backen.
Eine runde Sache!

Für 24 Stück

25 g Frischhefe
abgeriebene Schale und 100 ml Saft von 1–2 unbehandelten Orangen
1 1/2 TL Meersalz
300 g Dinkel-Vollkornmehl
425 g dunkles Weizenmehl (Type 1050)
*50 g Hagebuttenschalenmehl**
2 mittelgroße Karotten
100 g Kerne nach Belieben, z. B. Sonnenblumen- oder Kürbiskerne bzw. Sesamsamen

** Getrocknete, gemahlene Hagebuttenschale ist in gut sortierten Lebensmittelläden erhältlich.*

1. Hefe in eine Rührschüssel bröckeln. Etwas Wasser angießen. Rühren, bis sich die Hefe aufgelöst hat.
2. Erst 500 ml Wasser, dann 100 ml Orangensaft dazugeben. Alles gut mischen.
3. Während die Küchenmaschine läuft, Salz, Dinkel-, Weizen- und Hagebuttenschalenmehl nach und nach zu dem Hefegemisch hinzufügen bzw. das Ganze langsam von Hand untermengen.
4. Den Teig kneten, bis er sich vom Schüsselrand löst.
5. Die Karotten reiben und unter den Teig mengen. Kurz durchkneten. Die Masse sollte klebrig sein.
6. Die Schüssel mit Alufolie abgedeckt über Nacht in den Kühlschrank stellen.
7. Morgens den Backofen auf 250 °C vorheizen.
8. Den Teig auf eine bemehlte Arbeitsfläche legen. Mit einem mehligen Messer in 24 Stücke teilen. Da der Teig etwas klebt, fallen die Brötchen unterschiedlich groß aus. Das macht aber nichts.
9. Die Teigstücke auf ein mit Backpapier belegtes Blech legen und mit Kernen bestreuen.
10. Das Blech auf die mittlere Schiene in den Ofen schieben. Dabei die Hitze auf 200 °C reduzieren.
11. Die Brötchen 20 Minuten backen.
12. Auf einem Kuchengitter auskühlen lassen.

Tipp!

Hagebuttenschalenmehl ist reich an Vitamin C und soll bei Gliederschmerzen helfen.

KÖRNER-KNÄCKEBROT

Sehr rustikal. Schmeckt zu gekochtem Ei oder mit kräftigem Käse belegt zum Tee.

Für 1 Backblech

50 g Sesamsamen
100 g Sonnenblumenkerne
50 g Kürbiskerne
*2 EL Pofiber**
1 EL Flohsamenschalenpulver
3 EL Kokosöl
1/2 EL Meersalzflocken

** Pofiber bindet die Flüssigkeit und ist in gut sortierten Lebensmittelläden oder im Versandhandel erhältlich.*

1. Den Backofen auf 150 °C vorheizen. Ein Backblech mit Backpapier auslegen.
2. Alle Trockenzutaten, außer dem Salz, in einer Rührschüssel vermischen.
3. Öl in einem Topf erwärmen. 250 ml kochendes Wasser aufgießen und beides erneut aufkochen.
4. Die Flüssigkeit über den Kernemix gießen. Alles gut verrühren. Ca. 5 Minuten stehen lassen.
5. Auf dem Backblech zu einer dünnen Schicht verstreichen. Mit Meersalz bestreuen.
6. Im Ofen auf der mittleren Schiene ca. 55 Minuten backen, bis die Kerne Farbe annehmen.
7. Die Hitze auf 75 °C reduzieren und das Knäckebrot 1 – 2 Stunden im Ofen trocknen lassen. Dann in Stücke brechen.

TORTILLAS

Es lohnt sich, Tortillas selbst zu backen. Sie sind schnell und einfach gemacht und schmecken fantastisch, beispielsweise zu den Huevos Rancheros auf Seite 75.

Für 10 Stück

200 g Maismehl
175 g Weizenmehl
1 TL Backpulver
1 TL Salz
50 ml neutrales Öl, z.B. Rapsöl
Rapsöl zum Braten

1. Alle Trockenzutaten in der Rührschüssel einer Küchenmaschine vermengen.
2. 200 ml Wasser und Öl angießen und von der Maschine zu einem glatten Teig verarbeiten lassen.
3. Teig aus der Schüssel nehmen. Auf einer bemehlten Arbeitsfläche zu einer Rolle formen (ca. 6 cm Ø).
4. Die Rolle in zehn Scheiben (gut 1 cm dick) schneiden. Abgedeckt 10 Minuten ruhen lassen.
5. Teig zu dünnen Fladen ausrollen. In einer Pfanne mit etwas Öl bei mittlerer Hitze ca. 1 Minute auf jeder Seite braten.
6. Die Tortillas stapeln und so auskühlen lassen, dann bleiben sie schön weich.

ZITRONEN-JOGHURT-KUCHEN

Ein säuerlich-saftiger, nicht zu süßer Kuchen aus dem orientalischen Raum. Schmeckt nach dem Frühstück oder Wochenend-Brunch.

Für 10 – 12 Stück

150 ml kalt gepresstes Rapsöl
125 g brauner Rohrzucker
2 Eier
abgeriebene Schale von 1/2 unbehandelten Zitrone
150 g Naturjoghurt (3 % Fett)
125 g Weizenmehl
50 g Dinkel-Vollkornmehl
1 TL Backpulver
1/2 TL Salz

Zitronen-Sirup

150 ml Saft von ca. 2 Zitronen
abgeriebene Schale von 1/2 unbehandelten Zitrone
75 g brauner Rohrzucker

Dekoration

1 unbehandelte Zitrone, in dünne Scheiben geschnitten

1. Backofen auf 175 °C vorheizen. Eine Springform (ca. 23 cm Ø) einfetten und mit Paniermehl ausstreuen.
2. Das Öl und den Zucker mit dem Handrührgerät cremig schlagen.
3. Die Eier nacheinander dazugeben. Weiterschlagen, bis die Masse cremig-dick ist.
4. Die Zitronenschale und den Joghurt unterziehen und gut vermengen.
5. Mehl, Backpulver und Salz in einer separaten Schüssel vermischen, unter die Creme ziehen. Den Teig in die Form füllen und den Kuchen auf der unteren Schiene im Ofen ca. 45 Minuten backen. Stäbchenprobe machen.
6. Während der Kuchen im Ofen ist, den Zitronen-Sirup vorbereiten. Dazu Zitronensaft und -schale mit dem Zucker in einen Topf geben. Ca. 5 Minuten kochen. Kurz abkühlen lassen.
7. Den Zitronenkuchen nach dem Backen ca. 30 Minuten abkühlen lassen.
8. Mit einem schmalen Messer in einem beliebigen Muster einritzen oder mit einem Holzstäbchen einstechen und mit der Hälfte des Sirups tränken.
9. Die Zitronenscheiben in einem Topf mit dem übrigen Sirup begießen. 5 – 10 Minuten kochen.
10. Kuchen mit den Scheiben dekorieren und vor dem Servieren mit dem übrigen Sirupsud beträufeln.

MUNTERMACHER

Das ist ein toller Energiespender, wenn es in der Früh schnell gehen muss oder einen zwischendurch der Hunger plagt.

Für 12 Stück

100 g frische Datteln
200 g weiche Trockenaprikosen
1–2 EL flüssiger Honig
50 g Kokosraspel
100 g Haferflocken-Weizenkleie-Mischung
50 g Walnüsse
1 Prise Salz

Dekoration
2–3 EL Kokosraspel

1. Die Datteln entkernen und mit den Aprikosen in feine Streifen schneiden.
2. Die Früchte mit dem Honig in eine Rührschüssel geben und mit der Küchenmaschine zu einer klebrigen Masse verarbeiten.
3. Die restlichen Zutaten dazugeben und die Maschine weiterlaufen lassen, bis alles gut vermengt ist.
4. Die Teigmasse auf Backpapier zu einem Rechteck (ca. 15 x 20 cm) verstreichen. Kokosraspel darüberstreuen und leicht andrücken.
5. Einige Stunden in den Kühlschrank stellen. In Stücke schneiden und servieren. Im Kühlschrank aufbewahrt hält das Gebäck ca. 1 Woche.

BANANA BREAD

Eine gesündere Variante des Bananenkuchens ... oder Bananenbrots, wie man auf der anderen Seite des Ozeans sagt. Ganz ohne Zuckerzusatz, nur mit der Süße von Datteln und Bananen.

Für 10 – 12 Portionen

3 reife Bananen
6 frische Datteln
2 Eier
100 ml kalt gepresstes Rapsöl
100 g Erdnussbutter (siehe Rezept Seite 113)
75 g Weizenmehl
50 g Grahammehl
2 TL Backpulver
1/2 TL Salz
50 g Walnüsse

1. Den Backofen auf 175 °C vorheizen. Eine Kastenform (ca. 1 1/2 l Inhalt) mit Butter fetten und mit etwas Paniermehl ausstreuen.
2. Die Bananen schälen und in Stücke brechen. In die Rührschüssel einer Küchenmaschine geben.
3. Die Datteln entkernen und mit den Bananen in der Küchenmaschine zu Mus zerkleinern.
4. Die Eier, das Öl und die Erdnussbutter hinzufügen und noch kurz weiterrühren.
5. Alle Trockenzutaten, bis auf die Walnüsse, vermengen und in die Rührschüssel geben. Weiterrühren, bis alles gut vermischt ist.
6. Walnüsse von Hand unter den Teig heben.
7. Teig in die Form füllen und ca. 35 Minuten auf der mittleren Schiene im Ofen backen. Auskühlen lassen.

KAROTTENMUFFINS

MIT CHIA-SAMEN

Die krosse Haferflocken-Zimt-Haube auf diesen saftigen Muffins sorgt für ein ganz besonderes Geschmackserlebnis.

Für 12 Muffins

3 Eier
50 g brauner Rohrzucker
2 kleine, reife Bananen
150 ml kalt gepresstes Rapsöl
100 g türkischer Joghurt
100 g Weizenmehl
50 g Dinkel-Vollkornmehl
25 g Haferflocken
15 g Weizenkleie
1 EL Hagebuttenschalenmehl (nach Belieben)
2 EL Chia-Samen
1 Prise Salz
2 TL Backpulver
2 mittelgroße Karotten, fein gerieben

Haferstreusel
35 g Haferflocken
2 EL brauner Rohrzucker
3 EL kalt gepresstes Rapsöl
1 TL gemahlener Zimt

1. Den Backofen auf 200 °C vorheizen.
2. Eier und Zucker mit dem Handrührgerät cremig schlagen.
3. Die Bananen in Stücke brechen und dazugeben. Glatt rühren.
4. Rapsöl und Joghurt hinzufügen und alles gut vermischen.
5. Die Trockenzutaten vermengen und unter die Masse ziehen.
6. Zuletzt die Karotten hinzufügen.
7. Den Teig auf die Muffinmulden verteilen.
8. Die Zutaten für die Streusel verkneten und über die Muffins bröckeln.
9. Auf der mittleren Schiene im Backofen ca. 20 Minuten backen.

BLACK BEAN BROWNIES

Verraten Sie nicht, dass Bohnen im Kuchenteig sind! Keiner merkt es. Man wird Sie über alle Maßen für die aromatisch-saftigen Brownies loben. Ein gelungener Abschluss für ein perfektes Wohlfühlfrühstück.

Für 24 Stückchen

ca. 400 g gekochte schwarze Bohnen (aus der Dose)
10–12 frische Datteln
3 Eier
2 1/2 EL mildes Olivenöl
2 EL Chia-Samen
50 g Kakaopulver
1 Prise Salz
1 TL Bourbon-Vanillezucker
150 g Zartbitterschokolade (55–60 % Kakaoanteil)

Zum Dekorieren

1 EL Kakaopulver

1. Den Backofen auf 175 °C vorheizen.
2. Eine rechteckige Backform (ca. 25 cm x 20 cm) gut einfetten.
3. Die Bohnen unter fließendem Wasser in einem Sieb waschen und abtropfen lassen.
4. Die Datteln entkernen.
5. Die Bohnen und die Datteln mit der Küchenmaschine musig rühren.
6. Die übrigen Zutaten, außer der Schokolade, dazugeben. Alles zu einem glatten Teig verarbeiten.
7. Die Schokolade hacken und in der Mikrowelle oder einem Wasserbad schmelzen. Die flüssige Schokolade schnell unter den Teig ziehen.
8. Die Teigmasse in die Form füllen. Auf der mittleren Schiene im Ofen ca. 30 Minuten backen. Mit einem Holzstäbchen die Garprobe machen. Vollständig auskühlen lassen.
9. Mit etwas Kakaopulver bestäuben und servieren.

SONNTAGS-BRUNCH

ENTSPANNT GENIESSEN

Sie haben lange geschlafen und es lacht ein freier Tag. Da steht Ihnen der Sinn gewiss nicht nach langweiligen Cornflakes. Eher nach einem warmen Frühstück. Noch besser… einem richtigen Brunch. Hier kommen Rezepte dafür: Shakshuka, Eiergerichte und Pfannkuchen. Und das alles mit viel Grünzeug.

Tipp!

Cocktailtomaten aus der Dose sind hundert Mal besser als stückige Dosentomaten.

SHAKSHUKA

Ein typisches Frühstück aus der Orientküche und perfekt für ein Wochenendfrühstück mit Röstbrot. Dazu schmeckt Labneh. Ersatzweise kann auch Feta genommen werden.

Für 4 Portionen

1 gelbe Zwiebel
2 Knoblauchzehen
2 EL Olivenöl
1/2 TL Harissa (scharfe Gewürzpaste)
1 Dose Cocktailtomaten
1 TL gemahlener Kreuzkümmel
Salz und frisch gemahlener schwarzer Pfeffer

Außerdem
4 kleine Eier
4–6 Kugeln Labneh oder 100 g Feta
Koriandergrün oder glatte Petersilie
1 Msp. Chiliflocken
Röstbrot

1. Den Backofen auf 175 °C vorheizen.
2. Zwiebel und Knoblauch schälen und hacken.
3. Das Öl in einer Pfanne mit hitzebeständigem Stiel erwärmen. Zwiebel und Knoblauch ca. 5 Minuten bei mittlerer Hitze darin glasig werden lassen.
4. Die Gewürzpaste dazugeben und kurz mitbraten.
5. Die Cocktailtomaten hinzufügen und mit einem Kartoffelstampfer oder einer Gabel zerdrücken. Die Tomatenmischung mit Kümmel, Salz und Pfeffer würzen und sämig einkochen lassen.
6. Eier vorsichtig nacheinander in die Pfanne schlagen. Auf die mittlere Schiene im Ofen stellen. 10–12 Minuten backen, bis das Eiweiß fest ist. Nicht rühren!
7. Zerkleinerten Labneh oder Feta darüberstreuen.
8. Mit Koriandergrün oder Petersilie garnieren und mit Chiliflocken oder schwarzem Pfeffer bestreuen. Zum Auftunken am Schluss passt Röstbrot.

SALAT AUS WEIZENKEIMEN

MIT ORANGEN UND GRANATAPFEL

Ein farbenfroher und vitaminreicher Salat, der richtig satt macht.

Für 4 Portionen

400 g gekochte Weizenkeime (aus der Dose)
2 große Orangen
1 Granatapfel

Granatapfel-Orangen-Dressing
3 EL flüssiger Honig
50 ml kalt gepresstes Rapsöl oder mildes Olivenöl
1 Prise Salz

Zum Servieren
Quark, Hüttenkäse oder Joghurt
Kerne, wie z. B. Kürbiskerne, Sonnenblumenkerne, oder Chia-Samen

1. Weizenkeime in ein Sieb geben, waschen und gut abtropfen lassen. Orangen schälen. Bis auf eine Hälfte in Stücke schneiden. Die Hälfte auspressen.
2. Weizenkeime mit den Orangenstücken vermengen.
3. Granatapfel mit etwas Druck über ein Schneidebrett rollen. So lassen sich der Saft leichter auspressen und die Kerne schneller entfernen.
4. Granatapfel halbieren, Saft einer Hälfte auspressen. Die restlichen Kerne mit der Gabel herauslösen. Die andere Hälfte in vier Spalten schneiden.
5. Granatapfel- und Orangensaft, Honig, Öl und Salz mit dem Schneebesen aufschlagen. Das Dressing unter den Salat mischen.
6. Salat auf vier Tellern verteilen. Mit Granatapfelspalten und den übrigen Granatapfelkernen garnieren.
7. Nach Belieben einen Klecks Quark, Hüttenkäse oder Joghurt daraufsetzen. Mit Kernen bestreuen.

FRÜHSTÜCKSSALAT

MIT QUINOA, KÜRBIS UND HÜTTENKÄSE

Natürlich passt Salat zum Frühstück. Speziell am Wochenende, wenn man länger schläft und Zeit für einen ausgiebigen Brunch bleibt. Servieren Sie knuspriges Röstbrot dazu.

Für 6 Portionen

1 Butternusskürbis (1 kg)
1 EL Olivenöl
1/2 TL gemahlener Zimt
1/2 TL gemahlener Kreuzkümmel
1 Prise Chiliflocken
175 g rote Quinoa
200 g Schwarz- oder Grünkohlblätter
Olivenöl zum Braten
Mehrsalzflocken und frisch gemahlener schwarzer Pfeffer

Blutorangen-Vinaigrette
50 ml Saft von einer Blutorange
2 EL fein gehackte Schalotten
1 EL süß-scharfer Senf
100 ml Olivenöl

Zum Servieren
400 g Hüttenkäse
Granatapfelkerne

1. Den Backofen auf 225 °C vorheizen.
2. Kürbis waschen und längs halbieren. Kerne herauslösen.
3. Das Fruchtfleisch in grobe Würfel schneiden. Mit ca. 1 Esslöffel Öl und den Gewürzen vermengen. Einige Prisen Salz darüberstreuen.
4. Auf einem mit Backpapier belegten Backblech verteilen. Ca. 30 Minuten auf der mittleren Schiene im Ofen backen, bis der Kürbis Farbe bekommt.
5. In der Zwischenzeit die Quinoa nach Packungsangabe zubereiten.
6. Alle Zutaten für die Vinaigrette mit dem Schneebesen aufschlagen.
7. Quinoa auf einer Servierplatte anrichten. Mit Kürbis belegen und mit der Vinaigrette beträufeln. Salzen, pfeffern.
8. Die Kohlblätter ca. 5 Minuten bei mittlerer Hitze in etwas Öl braten, bis sie weich sind. Leicht salzen. Die Blätter zum Salat legen.
9. Mit Hüttenkäse und Granatapfelkernen garnieren und servieren.

HUEVOS RANCHEROS

Ich liebe dieses Frühstück! Ich habe es zum ersten Mal in einem Frühstücks-Imbiss in Austin, Texas, gegessen.

Für 4 Portionen

Bohnenmus

ca. 400 g gekochte schwarze Bohnen (aus der Dose)
1 Knoblauchzehe
2 EL Olivenöl
1 TL gemahlener Kreuzkümmel
ca. 150 ml Gemüsebrühe
Salz und frisch gemahlener schwarzer Pfeffer

Tomatsalsa

6 große Tomaten
1 kleine gelbe Zwiebel
1 Bund Koriandergrün
1 EL Olivenöl
Salz und frisch gemahlener schwarzer Pfeffer

Außerdem

4 Eier
4 kleine, weiche Tortillas aus Weizen- oder Maismehl, am besten selbst gebacken (siehe Rezept Seite 55)

Bohnenmus

1. Bohnen in einem Sieb waschen. Abtropfen lassen.
2. Knoblauch schälen und hacken.
3. Das Öl in einer großen Pfanne erhitzen und den Knoblauch leicht darin anbraten. Bohnen und Kümmel dazugeben. Kurz mitbraten.
4. Hitze reduzieren. Die Bohnen mit einer Gabel grob zerdrücken. Die Brühe angießen, zu einem Brei verrühren. Salzen, pfeffern.

Tomaten-Salsa

1. Tomaten waagerecht halbieren. Die Kerne mit einem Löffel entfernen. Tomatenhälften mit der Öffnung nach unten auf Küchenpapier abtropfen lassen.
2. Die Zwiebel schälen und mit dem Koriander fein hacken. Etwas Grün zum Garnieren beiseitelegen.
3. Die Tomaten hacken. Mit Zwiebel, Koriander und Öl vermengen. Salzen, pfeffern.

Zum Servieren

1. Die Eier in etwas Öl in der Pfanne braten. Salzen. Herausnehmen und beiseitestellen.
2. Die Tortillas leicht von beiden Seiten anbraten.
3. Das Bohnenmus auf den Tortillas verteilen und je 1 Spiegelei daraufsetzen. Mit Salsa und dem übrigem Grün garnieren.

FRÜHSTÜCKSOMELETTS

MIT ZUCCHINI UND RICOTTA

Die hauchdünnen Omeletts sind mit luftigem Ricotta und zartem Sommergemüse belegt.

Für 4 Portionen

8 Eier
Olivenöl zum Braten
1 Prise Salz und frisch gemahlener schwarzer Pfeffer nach Belieben
125 g Ricotta
100 g Kräuter, gehackt (z.B. Basilikum, Oregano und glatte Petersilie)
abgeriebene Schale von 1 unbehandelten Zitrone
1 EL Olivenöl

Belag
1 kleiner Zucchino
1 EL Olivenöl zum Braten
Salz und frisch gemahlener schwarzer Pfeffer
1 Bund Radieschen

1. Eier mit 200 ml Wasser verquirlen. Salzen, pfeffern.
2. Vier dünne Omeletts in etwas Öl braten. Entweder nacheinander oder, bei mehreren Pfannen, auch gleichzeitig.
3. Den Ricotta mit Kräutern, Zitronenschale und 1 Esslöffel Öl vermengen. Salzen und pfeffern.
4. Den Zucchino in dünne Scheiben schneiden. Kurz anbraten, bis sie goldbraun sind, aber noch Biss haben. Leicht salzen und pfeffern.
5. Die Radieschen in Scheiben schneiden.
6. Einen Klecks Ricotta auf jedes Omelett setzen. Mit Zucchini- und Radieschenscheiben garnieren.

EIER IM FÖRMCHEN

MIT RÄUCHERLACHS

Ein Sonntagsfrühstück vom Allerfeinsten. Der Lachs lässt sich durch zart geräucherten Schinken ersetzen. Vor dem Gratinieren können noch halbe Cocktailtomaten in die Förmchen gegeben werden.

Für 4 Portionen

50 g Baby-Blattspinat, küchenfertig geputzt
4 große Eier
100 g türkischer Joghurt, Hüttenkäse oder Quark
2 EL in dünne Ringe geschnittene Frühlingszwiebeln (etwas mehr zum Garnieren)
2 TL abgeriebene Schale von 1 unbehandelten Zitrone
Salz und frisch gemahlener schwarzer Pfeffer
4 Scheiben kalt geräucherter Lachs

Zum Servieren
Röstbrot

1. Den Backofen auf 200 °C vorheizen. Vier Portionsförmchen (ca. 11 cm Ø) mit Öl fetten.
2. Den Spinat in den Förmchen verteilen und je 1 Ei hineinschlagen. Auf der mittleren Schiene im Ofen 10 Minuten gratinieren.
3. Den Joghurt mit den Zwiebelringen und der Zitronenschale verrühren. Danach den Dip mit Salz und Pfeffer würzen.
4. Die Förmchen wieder aus dem Ofen nehmen und etwas abkühlen lassen.
5. Den Räucherlachs hineingeben und jeweils einen Klecks Joghurt-Dip daraufsetzen.
6. Mit den übrigen Zwiebelringen garnieren. Röstbrot dazu servieren.

EGGS AND SOLDIERS

MIT WARMEM AVOCADO-TOMATEN-SALAT

Das macht Spaß: beim Frühstück am Wochenende knusprige Brotstäbchen in ein weich gekochtes Ei zu tunken. Dazu passt, wie hier, ein lauwarmer Salat. Mit gekochten Bohnen wird er auf Wunsch noch gehaltvoller.

Für 4 Portionen

2 Scheiben Brot, z.B. Kastenweißbrot bester Qualität
Olivenöl zum Braten
4 Eier
1–2 Knoblauchzehen
4 große Tomaten
1 große Avocado
Koriandergrün
Meersalzflocken und frisch gemahlener schwarzer Pfeffer

1. Das Brot in ca. 1 cm dicke Streifen schneiden. In einer Pfanne mit Öl knusprig braten. Leicht salzen.
2. Eier weich kochen. Dazu einen Topf mit kaltem Wasser auf den Herd stellen und die Eier hineinlegen. Das Wasser aufkochen lassen. Die Eier nach 2 Minuten herausnehmen. In kaltem Wasser kurz abschrecken. Beiseitestellen.
3. Knoblauch schälen und hacken.
4. Die Tomaten in Spalten schneiden.
5. Die Avocado halbieren. Den Kern entfernen, das Fruchtfleisch herauslösen.
6. Etwas Öl in einer Pfanne erhitzen. Knoblauch leicht anbraten, ohne dass er Farbe annimmt.
7. Die Tomaten dazugeben und bei mittlerer Hitze 8–10 Minuten schmoren.
8. Avocadofruchtfleisch hinzufügen, warm werden lassen. Salzen, pfeffern. Mit Koriandergrün bestreuen.
9. Von der Eispitze eine Kappe abschneiden und die Brotstäbchen zum Ei servieren. Sie werden in das flüssige Eigelb getunkt.
10. Dazu den warmen Salat servieren.

PUMPKIN-PANCAKES

Die goldgelben Pfannkuchen bestehen fast nur aus Kürbis und ganz wenig Mehl. Sie sind intensiv im Geschmack, liegen aber nicht so schwer im Magen. Salziges in Form von gebratenem Schinken passt perfekt dazu.

Für 4 Portionen

1 Butternusskürbis (1 kg)
3 Eier
50 g Dinkel-Vollkornmehl
1 TL Backpulver
1 1/2 TL gemahlener Zimt
1 Prise Salz
Rapsöl zum Braten

Zum Servieren

200 g geräucherter Schinken, dünn aufgeschnitten
Ahornsirup

1. Den Backofen auf 200 °C vorheizen.
2. Kürbis längs halbieren. Kerne herauslösen.
3. Die Kürbishälften mit der Schnittfläche nach unten auf einem gefetteten Backblech auf der mittleren Schiene im Ofen ca. 30 Minuten backen. Das Fruchtfleisch sollte weich sein.
4. Abkühlen lassen. Das Fruchtfleisch mit einem Löffel herauslösen. In eine große Schüssel geben. Zu Mus zerdrücken oder mit dem Stabmixer pürieren.
5. Die Eier verquirlen und unterrühren.
6. Alle Trockenzutaten gut miteinander vermischen und unter den Teig mengen.
7. Öl in einer Pfanne erhitzen. Pfannkuchen 2–3 Minuten von jeder Seite braten. Vorsicht beim Wenden!
8. Den Schinken kurz von jeder Seite in einer Pfanne ohne Fett anbraten.
9. Dazu Ahornsirup servieren.

KARTOFFELPUFFER

AUS SÜSSKARTOFFELN MIT RÜHREI, SPINAT UND PUTENSCHINKEN

Die etwas gesündere Variante eines richtigen „trucker breakfast“.

Für 4 Portionen

400 g Süßkartoffeln (ca. 4 mittelgroße)
Rapsöl zum Braten
400 g Baby-Blattspinat, küchenfertig geputzt
2 EL geröstete Pinienkerne
500 g geräucherter Putenschinken, dünn aufgeschnitten
8 Eier
Salz und frisch gemahlener schwarzer Pfeffer

1. Kartoffeln schälen, grob reiben. Ist die Masse zu wässrig, überflüssiges Wasser in einem Sieb ausdrücken.
2. Etwas Öl in einer Pfanne erhitzen. Die Puffer darin nacheinander goldgelb braten. Den Teig möglichst nicht sehr bewegen, sondern beide Seiten jeweils nur leicht anbräunen, dann wenden. Die Puffer leicht salzen, aus der Pfanne nehmen und warm halten.
3. Spinat ganz kurz in etwas Öl anbraten. Salzen, pfeffern. Pinienkerne darüberstreuen. Beiseitestellen.
4. Putenschinken kurz in einer Pfanne ohne Fett braten. Herausnehmen und warm halten.
5. Eier verquirlen und in einer großen Pfanne etwas Öl erhitzen. Die Eimasse hineingießen. Die Hitze reduzieren und vorsichtig rühren, bis die Masse stockt, aber nicht fest ist. Salzen, pfeffern.
6. Alles zusammen servieren. Dazu passen Röstbrot und frisch gepresster Orangensaft.

DINKELPFANNKUCHEN

MIT APFEL UND IN AHORNSIRUP GEBRATENEM SCHINKENSPECK

Sonntage können so schön sein! Und die Pfannkuchen mit Dinkel und Apfel sind nicht nur ein Gedicht, sondern dazu auch noch gesund. Schinkenspeck ist magerer als normaler Bacon.

Für 4 Portionen

2 Eier
500 g Schwedenmilch (mild schmeckende Dickmilch)
1 EL Rapsöl
125 g Weizenmehl
50 g Dinkel-Vollkornmehl
2 TL Backpulver
1 Prise Salz
1 Apfel
Rapsöl zum Braten

Zum Servieren
Ahornsirup
Schinkenspeck, angebraten

1. Eier mit Dickmilch und Öl verquirlen.
2. Alle Trockenzutaten vermengen und unter die Eimilch ziehen. Rühren, bis der Teig glatt ist.
3. Den Apfel in dünne Scheiben schneiden und die Kerne entfernen.
4. 12 kleine Pfannkuchen (je ca. 50 ml Teig) in Öl bei mittlerer Hitze ca. 1 Minute von jeder Seite backen, bis die Oberfläche Blasen wirft.
5. Jeden Pfannkuchen mit einer Apfelscheibe belegen und vorsichtig wenden. Kurz braten.
6. Den Speck knusprig braten. Ca. 1 Teelöffel Sirup darüberträufeln und mitbraten. Zusammen mit den Pfannkuchen servieren. Dazu Ahornsirup reichen.

FRÜHSTÜCKSAUFLAUF

Zu dieser Köstlichkeit wurde ich mal in den USA eingeladen, bevor ich mich zu einer Wildwasserfahrt aufmachte. Der Brunch lieferte die beste Grundlage für den anstrengenden Ausflug.

Für 4 – 6 Portionen

500 g Hüttenkäse
3 Eier
2 Frühlingszwiebeln
1 Paprikaschote
150 g Mais (aus der Dose)
50 g gut gereifter Käse, gerieben
Salz und frisch gemahlener schwarzer Pfeffer
Tabasco

Zum Servieren

grünes Gemüse, z.B. Broccoli, grüne Bohnen
Röstbrot
eventuell angebratener Schinken
Tabasco oder eine andere scharfe Würzsauce

1. Den Backofen auf 200 °C vorheizen. Eine feuerfeste Auflaufform mittlerer Größe fetten.
2. Den Hüttenkäse und die Eier in einer großen Schüssel miteinander verrühren.
3. Die Frühlingszwiebeln in feine Streifen schneiden. Die Paprikaschote halbieren, putzen, waschen und würfeln. Mais abgießen.
4. Alles unter die Ei-Käse-Masse rühren. Geriebenen Käse untermischen. Mit Salz, Pfeffer und einigen Spritzern Tabasco würzen.
5. In die Form füllen und ca. 30 Minuten auf der mittleren Schiene im Ofen backen, bis die Masse fest und goldbraun ist.
6. Mit grünem Gemüse, Röstbröt und, auf Wunsch, mit knusprigem Schinken servieren. Für pikante Schärfe sorgt Tabasco.

PILZ-FRITTATA

MIT BRENNNESSELN

Ein sättigendes Omelett mit mineralstoffhaltigen Brennnesseln. Die können Sie selbst von Hand ernten. Auch die großen Blätter sind essbar und werden genauso zubereitet wie Spinat. Wer Brennnessel nicht frisch pflücken kann, nimmt einfach Spinat.

Für 2 Portionen

100 g Pilze (beliebige Sorte)
Olivenöl zum Braten
1 Knoblauchzehe
100 g Brennnesselblätter (alternativ Spinat)
125 g Ricotta
3 Eier
50 g Parmesan, fein gerieben (etwas mehr zum Servieren)
Meersalzflocken und frisch gemahlener schwarzer Pfeffer

1. Backofen auf 200 °C vorheizen.
2. Die Pilze in Scheiben schneiden. In einer Pfanne mit hitzebeständigem Stiel in genügend Öl 5 – 6 Minuten bei mittlerer Hitze braten.
3. Knoblauch schälen und in Scheiben schneiden. Mit den Brennnesseln in der Pfanne einige Minuten unter ständigem Rühren braten, bis die Blätter weich sind.
4. Ricotta und Eier vermengen.
5. Den Parmesan unterrühren. Die Eimasse über die Pilzmischung gießen. Leicht salzen und pfeffern.
6. Die Pfanne 15 – 20 Minuten auf die mittlere Schiene in den Ofen stellen.
7. Zum Servieren die Frittata mit Parmesan bestreuen.

OFEN-AVOCADOS

Warme Avocado mit Ei ist mal eine andere Art, die grünen Powerfrüchte zu essen. Dabei ist das eine super Kombi! Man muss nur darauf achten, dass das Eigelb nicht zu fest wird.

Für 4 Portionen

2 reife Avocados
4 kleine Eier
8 geschmacksintensive, frische Tomaten
Olivenöl zum Braten
Salz und frisch gemahlener schwarzer Pfeffer
200 g Maiskörner, am besten frisch von Maiskolben
Meersalzflocken
4 EL fein geriebener Pecorino oder Parmesan
eventuell einige Chiliflocken

Zum Servieren
Sriracha-Sauce oder Tabasco*

** Thailändische Chilisauce. Im Asia-Laden erhältlich.*

1. Den Backofen auf 200 °C vorheizen.
2. Avocados halbieren, die Kerne entfernen. 1 Esslöffel Fruchtfleisch rund um den Sitz des Kerns herauslösen. Es kann später mitserviert werden.
3. Eine dünne Scheibe vom Boden jeder Avocadohälfte wegschneiden, damit die Hälfte gerade steht.
4. In eine Auflaufform stellen. Die Eier in die Vertiefung schlagen. Zu viel Eiweiß mit dem Löffel entfernen.
5. Im Ofen auf der mittleren Schiene 10–15 Minuten backen, bis das Eiweiß fest und das Eigelb nach Belieben weich oder cremig ist. Ab und zu kontrollieren!
6. In der Zwischenzeit die Tomaten halbieren und kurz in etwas Öl braten. Salzen, pfeffern.
7. Auch den Mais bei starker Hitze braten, bis er Farbe annimmt und zu platzen beginnt. Leicht salzen.
8. Etwas Meersalz, Pecorino und Chiliflocken über die Avocados streuen und mit den Tomaten und dem Mais servieren. Dazu passt Sriracha-Sauce oder Tabasco.

Tipp!

Sriracha-Sauce, eine süßscharfe Chilisauce, schmeckt gut zu Eiern.

FRÜHSTÜCKSPIZZA

**Und ob man eine Pizza zum Frühstück essen kann!
An einem arbeitsreichen Tag ist diese hier der beste Start.**

Für 4 Stück

Pizzateig
25 g Frischhefe
1 TL Salz
2–3 EL Olivenöl
400 g dunkles Weizenmehl (Type 1050, nach Belieben 75 g Mehl durch Dinkel-Vollkornmehl ersetzen)

Belag
6 EL Pesto
75 g gut gereifter Käse, gerieben
100 g Baby-Blattspinat, küchenfertig geputzt
100 g Cocktailtomaten
8 Scheiben Parmaschinken
Meersalzflocken und frisch gemahlener schwarzer Pfeffer
Olivenöl
4 Eigelbe
Chiliflocken

1. Hefe und Salz in 300 ml lauwarmes Wasser (37 °C) geben. Rühren, bis sich die Hefe aufgelöst hat.
2. Das Olivenöl angießen. Das Mehl nach und nach einarbeiten und den Teig glatt kneten: ca. 15 Minuten von Hand oder ca. 10 minuten mit dem Knethaken einer Küchenmaschine.
3. Teig entweder 30 Minuten abgedeckt bei Zimmertemperatur gehen lassen oder mit Frischhaltefolie abdecken und über Nacht in den Kühlschrank stellen.
4. Backofen auf 225 °C vorheizen. Teig vierteln. Auf der bemehlten Arbeitsfläche zu ovalen Platten ausrollen.
5. Zwei Bleche mit Backpapier auslegen und jeweils zwei Böden daraufsetzen. Bei Umluftherden können die Bleche gleichzeitig bei 200 °C in den Ofen.
6. Die Böden mit Pesto bestreichen. Mit Käse bestreuen.
7. Den Spinat darauf verteilen. Dabe je eine Mulde für das Eigelb lassen, damit es an Ort und Stelle bleibt.
8. Die Tomaten halbieren. Die Pizzas damit belegen und mit dem Schinken garnieren.
9. Salzen und pfeffern. Mit etwas Öl beträufeln. Auf der mittleren Schiene im Ofen 15–20 Minuten backen.
10. Ein Eigelb in eine Tasse gleiten lassen. Das Blech etwas aus dem Ofen ziehen und das Eigelb vorsichtig in einer der Vertiefungen platzieren. Vorgang mit den restlichen Pizzafladen wiederholen. Weitere 4–5 Minuten backen, bis die Eigelbe außen fest und innen noch flüssig sind.
11. Chiliflocken zum Darüberstreuen dazu servieren.

VOLLKORNBROT

MIT ROTE-BETE-FETA, RÜHREI UND AVOCADO

Schmeckt so lecker, wie es aussieht.
Der richtige Start für einen guten Tag.

Für 4 Portionen

Rote-Bete-Feta
150 g Feta
1 Rote-Bete-Knolle, gekocht und geschält
1/2 TL flüssiger Honig

Rührei
4 Eier
4 EL Milch
Salz
Rapsöl zum Braten

Außerdem
1 Avocado
4 Scheiben Vollkornbrot
Meersalzflocken und frisch gemahlener schwarzer Pfeffer
Erbsensprossen oder Kresse

1. Feta in einen Küchenmixer bröckeln.
2. Rote Bete würfeln, zum Feta geben und zu einer glatten Masse verrühren. Mit Honig abschmecken.
3. Eier und Milch miteinander verquirlen und mit einer Prise Salz würzen.
4. Etwas Öl in einer Pfanne erhitzen und das Eigemisch hineingießen.
5. Mithilfe eines Bratenwenders bei mittlerer Hitze zu einem „luftigen" Rührei braten.
6. Die Avocado halbieren, den Kern entfernen. Das Fruchtfleisch in Spalten schneiden.
7. Die Brotscheiben jeweils mit etwas Rote-Bete-Feta bestreichen und ein wenig Rührei daraufsetzen. Mit den Avocadospalten belegen. Salzen, pfeffern. Zum Garnieren eignen sich Erbsensprossen oder Kresse.

Tipp!

Abgeriebene Zitronen-, Limetten- oder Orangenschale von unbehandelten Früchten schmeckt gut in Joghurt.

WAFFELN

MIT KARDAMOM

Sättigende, aber nicht zu üppige Waffeln passen perfekt zum Frühstück. Man fühlt sich danach wohlig satt.

Für 4–6 Portionen

3 Eier, getrennt
50 ml kalt gepresstes Rapsöl
500 g Schwedenmilch (mild schmeckende Dickmilch)
150 g Dinkel-Vollkornmehl
15 g Weizenkleie
125 g Weizenmehl
2 Prisen Salz
2 TL Backpulver
1 TL zerstoßene Kardamomsamen
1 TL Bourbon-Vanillezucker

Zum Servieren

Joghurt, Hüttenkäse oder Quark
frische Beeren
flüssiger Honig, Agaven- oder Ahornsirup

1. Eigelbe und Öl verquirlen.
2. Die Dickmilch mit dem Schneebesen unterziehen.
3. Die Trockenzutaten vermengen und die Mischung in die Eimilch geben. Zu einem glatten Teig verrühren.
4. Eiweiße mit den Schneebesen des Handrührgeräts zu einem luftigen Eischnee schlagen und vorsichtig unter den Teig heben.
5. Die Waffeln in einem belgischen Waffeleisen (alternativ in einem ganz normalen Waffeleisen) backen.
6. Zu den Waffeln Joghurt, Hüttenkäse oder Quark und frische Beeren sowie etwas Honig, Agavensirup oder Ahornsirup servieren.

SCHMORFRÜCHTE

Schmecken am besten, wenn sie noch etwas warm sind und zu einem milden Joghurt. Probieren Sie ruhig mal Ziegen- oder Schafsmilch-Joghurt dazu.

Für 4 Portionen

2 frische Feigen
3 große Pflaumen
125 g große Heidelbeeren
1 Vanilleschote
25 g brauner Rohrzucker
1 Zimtstange
Joghurt

1. Den Backofen auf 225 °C vorheizen.
2. Vier Portionsförmchen (alternativ kann man auch eine große Form nehmen) mit Butter fetten.
3. Feigen und Pflaumen in grobe Stücke schneiden. Mit den Heidelbeeren auf die Formen verteilen.
4. Die Früchte im Backofen auf der mittleren Schiene 15 – 20 Minuten backen.
5. Die Vanilleschote längs halbieren. Zucker, Vanilleschote und Zimtstange ca. 5 Minuten bei mittlerer Hitze in 50 ml Wasser kochen lassen.
6. Die Früchte aus dem Ofen nehmen und mit der Gewürzmarinade übergießen. Weitere 3 – 4 Minuten in den Ofen stellen.
7. Mit einem Klecks Joghurt servieren.

Tipp!

Was übrig bleibt, kann am nächsten Tag kalt zum Frühstücksbrei gegessen werden.

GEBACKENE INGWERBIRNEN

MIT RICOTTA UND HONIG

Diese mild schmeckenden Birnen sind fast wie ein Dessert. In Sizilien bekommt man Ricotta zum Frühstück ganz frisch serviert. Davon habe ich mich hier inspirieren lassen.

Für 4 Portionen

2 große Birnen
1/2 unbehandelte Zitrone
1 Stück frischer Ingwer (daumengroß), gerieben
2 EL unbehandelte Rosinen
gemahlener Zimt (gerne auch Zimtstangen zum Dekorieren)
4 TL Butter

Zum Servieren
flüssiger Honig
1 Becher Ricotta

1. Den Backofen auf 200 °C vorheizen.
2. Die Birnen halbieren.
3. Zitronenhälfte in 4 Spalten schneiden. Saft über die Birnen drücken.
4. Je eine Birnenhälfte auf das Papier legen. Ausgedrückte Zitronenspalten, Ingwer und Rosinen darüber verteilen.
5. Mit etwas Zimt bestäuben und mit Butterflocken belegen.
6. Das Papier verschließen. Die Päckchen auf ein Blech legen. Ca. 30 Minuten im Ofen backen, bis die Birnenhälften weich sind.
7. Mit Honig beträufeln und mit Ricotta servieren.

APFELCREME

MIT VANILLE

Ich mag es, wenn noch ganze Fruchtstücke in der Apfelcreme sind. Sie schmeckt warm oder kalt mit Milch Ihrer Wahl.

Für 4 Portionen

4 Äpfel (ca. 600 g)
3–4 EL brauner Rohrzucker, alternativ normaler Zucker
1 TL Bourbon-Vanillezucker
150 ml Apfelsaft oder Wasser
1 EL Saft von einer Zitrone
1 EL Speisestärke

Zum Servieren

Milch oder ungesüßter Hafer-, Mandel- oder Sojadrink
Kürbiskerne

1. Die Äpfel waschen und die Kerngehäuse entfernen. In dünne Spalten schneiden. Apfelspalten in einen Topf mit Zucker, Bourbon-Vanillezucker, Saft oder Wasser und Zitronensaft geben.
2. Ca. 15 Minuten bei schwacher Hitze köcheln lassen, bis die Apfelspalten weich sind. Ab und zu umrühren. Bei Bedarf etwas Flüssigkeit nachgießen.
3. Die Speisestärke mit einigen Esslöffeln kaltem Wasser anrühren. Zu den Äpfeln geben und noch einmal kurz aufkochen, dann den Topf vom Herd nehmen.
4. Je nach Vorliebe warm oder kalt mit Milch und Kürbiskernen servieren.

ERDBEERCREME

Der Geschmack von Erdbeercreme weckt bei vielen Kindheitserinnerungen. Damals war es noch ein Päckchen Pulver, das in Wasser aufgelöst wurde. Man kann sie aber auch ganz einfach selber machen. Nach Belieben mit etwas Bourbon-Vanillezucker, Zimt oder abgeriebener Zitronenschale aromatisieren.

Für 4 Portionen

1 Schale Erdbeeren
25 g brauner Rohrzucker
2–3 EL Speisestärke

Zum Servieren
Milch

1. Die Erdbeeren putzen und vierteln.
2. In einen weiten Topf geben. 100 ml Wasser angießen und den Zucker hinzufügen.
3. Ca. 5 Minuten sanft köcheln lassen.
4. Speisestärke in etwas kaltem Wasser anrühren. Dazugeben. Gut unterrühren und nochmals aufkochen lassen.
5. Den Topf vom Herd nehmen und die Creme etwas abkühlen lassen. Mit Milch servieren.

AUFSTRICHE

SÜSS & SALZIG

Ich kombiniere gern Süsses mit Salzigem. Sie werden sehen: Fruchtige Marmelade und gesalzene Erdnussbutter vertragen sich bestens auf einem Brot!

MARMELADEN

Orangenmarmelade mit Zimt und Karotten

Bittersüß und mit einer zusätzlichen Geschmacksnote von Karotten.

Für ca. 1 1/2 Liter

1 kg unbehandelte Orangen
2 Karotten (ca. 175 g)
2 Zimtstangen
1 kg Gelierzucker

1. Orangen ungeschält in 6 Spalten schneiden. Zu Hälften zusammenlegen und mit einem scharfen Messer in dünne Scheiben schneiden. In einen weiten Topf geben.
2. Die Karotten schälen und fein reiben.
3. Zimtstangen in den Topf legen. 400 ml Wasser und den Zucker dazugeben.
4. Unter ständigem Rühren aufkochen. 4 Minuten weiterkochen und dabei abschäumen.
5. Die Karotten hinzufügen. 1 Minute mitkochen.
6. Die Marmelade einige Minuten stehen lassen.
7. Sorgfältig gereinigte, warme Gläser randvoll damit füllen. Verschließen und die Marmelade im Kühlschrank aufbewahren.

Erdbeermarmelade mit Vanille

Ganz einfach und sündhaft gut.

Für ca. 1 1/2 Liter

1 kg Erdbeeren
1 Vanilleschote
1 kg Gelierzucker

1. Die Erdbeeren waschen, putzen und in kleine Stücke schneiden.
2. Die Vanilleschote längs halbieren.
3. Die Erdbeeren, die Vanilleschote und den Zucker in einem weiten Topf unter ständigem Rühren aufkochen. Ca. 4 Minuten weiterkochen und dabei abschäumen.
4. Die Marmelade noch ca. 10 Minuten im Topf lassen. Danach sorgfältig gereinigte, warme Gläser randvoll damit füllen. Fest verschließen und die Marmelade im Kühlschrank aufbewahren.

ZWEIERLEI NUSSBUTTER

Erdnussbutter

Sie ist so einfach zu machen, dass Sie sie nie wieder fertig kaufen werden. Und das ganz ohne Zusätze! Probieren Sie mal ein Röst- oder Knäckebrot mit Erdnussbutter, Bananenscheiben und etwas Meersalz. Mmmh!

Für ca. 250 g

250 g naturbelassene Erdnüsse (nicht geröstet und ungesalzen)
1 Prise Salz

1. Die Erdnüsse kurz in einer Pfanne ohne Fett rösten, bis sie Farbe bekommen. Dabei öfter mal umrühren. Vorsicht: Sie sind schnell verbrannt!
2. Nüsse und Salz 5–10 Minuten mit dem Messereinsatz der Küchenmaschine zu einer cremigen Konsistenz verarbeiten. Nicht zu lange schlagen, sonst setzt sich das Fett ab! Die Maschine ab und zu abschalten und die Konsistenz kontrollieren.

Hasel- und Walnussbutter

Röstet man die Nüsse zuerst in einer Pfanne ohne Fett, schmeckt die Nussbutter intensiver. Sie passt gut zu Porridge mit etwas Süßem, aber auch auf Pfannkuchen, Sandwiches oder in Smoothies. Im Kühlschrank hält sie mehrere Monate.

Für ca. 250 g

150 g Haselnüsse
100 g Walnüsse
1 Prise Salz
100 ml Haselnuss-, Walnuss- oder neutrales Öl

1. Die Nüsse salzen und mit dem Messereinsatz der Küchenmaschine zerkleinern.
2. Öl angießen und die Mischung zu einer cremigen Butter verarbeiten.

Getränke

Warm & Kalt

Kein Brunch ohne ein feines Getränk! Diese Rezepte für kalte und warme Getränke vergolden den Morgen. Energie pur aus Früchten, Beeren und Gemüse.

DRINKS ZUM FRÜHSTÜCK

Avocado-Spinat-Mango-Smoothie

Ein grüner, schöner Start in den Tag mit einem gesunden, nicht zu süßen Power-Smoothie!

Für 2 große Gläser
1 Avocado
200 g TK-Mangowürfel, angetaut oder 1 frische Mango
25 g Blattspinat, küchenfertig geputzt
200 ml ungesüßter Mandeldrink
Saft von 1/2 Zitrone
1 EL flüssiger Honig

1. Avocado schälen und entkernen. Fruchtfleisch würfeln, wenn es nicht tiefgekühlt ist.
2. Alle Zutaten in der Küchenmaschine oder im Mixer zu einem glatten Smoothie pürieren. Ganz nach Belieben mit Zitrone oder Honig eher säuerlich oder eher süß abschmecken.

Hagebuttensuppe

Je nach Menge des vitaminreichen Hagebuttenschalenmehls wird es ein erfrischender Drink oder eine Suppe. Sie dickt nach dem Erkalten ein.

Für ca. 1 Liter
3 EL brauner Rohrzucker oder einige Tropfen Stevia
100 g Hagebuttenschalenmehl (oder 50 g für den Drink)
Saft von 1/2 Orange (nach Belieben)

1. Einen Liter Wasser mit dem Zucker in einem weiten Topf aufkochen. Weiterköcheln lassen, bis sich der Zucker aufgelöst hat.
2. Das Hagebuttenschalenmehl einrühren und ca. 3 Minuten köcheln lassen.
3. Orangensaft dazugeben. Abkühlen lassen. In den Kühlschrank stellen.

Grüner Powershot

Bei diesem Shot wachen Sie bestimmt auf! Man benötigt hier einen stabilen Mixer, der auch gröbere Früchte und Gemüsesorten verkraftet.

Für 4 Shots
1 großer Apfel
1/2 unbehandelte Zitrone
50 g Grünkohl, klein gehobelt

1. Den Apfel und die Zitrone mit Schale in kleine Stücke schneiden.
2. Früchte und Kohl pürieren.
3. Shot in kleine Schnapsgläser füllen.

Bananen-Hafer-Hanf-Smoothie

Ein echter Magenschmeichler.

Für 2 große Gläser
1 große Banane
50 g Haferflocken
400 ml ungesüßter Hafer- oder Mandeldrink
2 EL Hanfsamen

1. Banane schälen, in Scheiben schneiden.
2. Mit den übrigen Zutaten in einen Mixer oder mit dem Stabmixer zu einem glatten Smoothie pürieren.

Blutorangen-Mimosa

Ein eleganter, klassischer Brunch-Drink.

Für 1 Drink
50 ml eisgekühlter, frisch gepresster Saft von Blut- oder normalen Orangen
200 ml eisgekühlter Schaumwein

1. Saft in ein hohes Champagnerglas gießen.
2. Mit Schaumwein auffüllen.

Virgin Mary

Wer's nicht ganz so „virgin" mag, kann den Drink gern mit Wodka aufpeppen.

Für 1 Drink
200 ml eisgekühlter Tomatensaft
1 TL fein geriebener Meerrettich (nach Belieben)
Eiswürfel
Salz und frisch gemahlener schwarzer Pfeffer
1 Stange Staudensellerie
Tabasco

1. Tomatensaft und Meerrettich vermengen.
2. In ein hohes Glas gießen. Eiswürfel zugeben. Leicht salzen und pfeffern.
3. Sellerie hineinstellen und mit Tabasco servieren.

Avocado-Spinat-
Mango-Smoothie
Blutorangen-Mimosa
Hagebuttensuppe
Bananen-Hafer-
Hanf-Smoothie

Virgin
Powershot

GOLDENE MILCH

Kurkuma ist „das neue Schwarz“ und sehr beliebt bei gesundheitsbewussten, trendigen Kaliforniern. Man sagt dem Gewürz heilende Kräfte nach, unter anderem wirkt es als Entzündungshemmer. Wie auch immer. Es ist ein leckerer Drink zu Beginn und zum Ausklang eines Tages. Hier kommt meine Variante des In-Drinks „Golden Milk“.

6 Gläser

Goldene-Milch-Paste
1/2 TL Kardamomsamen
1/4 TL schwarze Pfefferkörner
1 EL gemahlene Kurkuma
1 TL gemahlener Zimt
1 EL fein geriebener Ingwer
100 ml Wasser

Für 1 Glas
1 TL Goldene-Milch-Paste
200 ml Milch oder ungesüßte Mandel-, Soja- oder Hafermilch

1. Kardamom und Pfeffer im Mörser zerstoßen.
2. Mit den übrigen Zutaten mit 100 ml Wasser in einem kleinen Topf vermengen. 1–2 Minuten bei schwacher Hitze köcheln lassen, bis eine Paste entsteht.
3. Auskühlen lassen. Im Kühlschrank aufbewahrt, hält die Goldene-Milch-Paste ca. 2 Wochen.
4. Für den Drink 1 Teelöffel Paste unter 200 ml warme Milch nach Belieben rühren.

REGISTER

Danke

allen, die bei der Realisierung dieses Buches mithalfen.

Ulrika für ein strahlendes Morgenlicht und ihre Bestimmtheit, die jeden Frühkostverweigerer zur Umkehr zwang. Malin, meiner Assistentin und Fels in der Brandung, sowie Therese für Inspiration und Models. Dem Kakao Verlag und Edholm Ullenius für eine ausgezeichnete Produktion und gute Zusammenarbeit.

Edel Books
Ein Verlag der Edel Germany GmbH

Neumühlen 17, 22763 Hamburg
www.edel.com
1. Auflage 2016

Erstveröffentlichung unter dem Titel „Good Morning“

Erschienen bei: Kakao förlag, Malmö/Schweden

Rezepte, Texte und Styling: Liselotte Forslin
Fotos: Ulrika Ekblom
Gestaltung: Edholm Ullenius
Umschlaggestaltung: Groothuis. Gesellschaft der Ideen und Passionen mbH |
www.groothuis.de

Projektkoordination der deutschen Ausgabe: Nina Schnackenbeck/Julia Sommer
Übersetzung: Anne Görblich-Baier
Satz und Redaktion: bookwise medienproduktion GmbH
Druck und Bindung: optimal media GmbH, Glienholzweg 7
17207 Röbel / Müritz

Printed in Germany

ISBN 978-3-8419-0425-6